AF470080

CATALOGUE

D'ESTAMPES

ANCIENNES ET MODERNES

des XVIe, XVIIe, XVIIIe et XIXe siècles

LITHOGRAPHIES ET EAUX-FORTES

DESSINS ET LIVRES

DONT LA VENTE AUX ENCHÈRES PUBLIQUES AURA LIEU

HOTEL DES COMMISSAIRES-PRISEURS, RUE DROUOT, N° 9

SALLE N° 8

Le Mercredi 4 Mars 1896

A deux heures précises.

M⁰ MAURICE DELESTRE	**M. JULES BOUILLON**
Commissaire-priseur	Marchand d'Estampes de la Bibliothèque nationale
27, RUE DROUOT, 27	RUE DES SAINTS-PÈRES, 3

PARIS — 1896

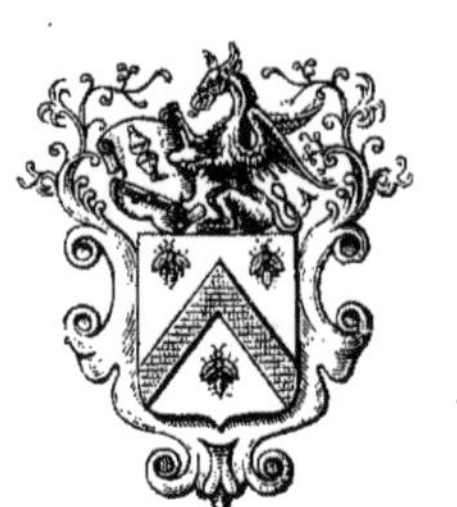

CATALOGUE

D'ESTAMPES

ANCIENNES ET MODERNES

CATALOGUE

D'ESTAMPES

ANCIENNES ET MODERNES

des XVIe, XVIIe, XVIIIe et XIXe siècles

LITHOGRAPHIES ET EAUX-FORTES

DESSINS ET LIVRES

DONT LA VENTE AUX ENCHÈRES PUBLIQUES AURA LIEU

HOTEL DES COMMISSAIRES-PRISEURS, RUE DROUOT, N° 9

SALLE N° 8

Le Mercredi 4 Mars 1896

A deux heures précises.

Me MAURICE DELESTRE
Commissaire-priseur
27, RUE DROUOT, 27

M. JULES BOUILLON
Marchand d'Estampes de la Bibliothèque nationale
RUE DES SAINTS-PÈRES, 3

PARIS — 1896

DÉSIGNATION

ESTAMPES

ALÈS, etc.

1 — Vierge à la Chaise (*très belle ép. sur Chine*). — Vierge
au Voile, — Saint Michel (*ép. d'état*). (4 p.).

ALDEGREVER (H.).

2 — Parabole du mauvais riche (B. 44, 45, 47), *belles ép.*
(3 p.).

ANONYMES.

3 — Suite de 6 figures pour les Cent Nouvelles Nouvelles
(*ép. eaux-fortes pures, marges*).

4 — Suite complète de 12 figures in-12 pour l'édition du
compère Mathieu (Malte, 1786), *belles ép. découvertes*).

AUBRY-LECOMTE, BOILLY, etc.

5 — Psyché et l'Amour, — Avant la toilette, — Héro et
Léandre (4 p.).

AUDRAN, AUDOUIN.

6 — Vénus blessée (*avant lettre*), — Acis et Galatée, —
Jupiter et Antiope (*belles ép.*), (4 p.).

AUDRAN.

7 — Portrait de Fénelon (*belle ép.*).

BALECHOU.

8 — Latone vengée, d'ap. Lauri (*belle ép.*). — Marines, d'ap.
Vernet (3 p.).

BAUDOUIN (P.-A.), (d'après).

9 — Le Midi, gravé par de Ghendt.

BAUDOIN et **BOUCHER** (d'après).

10 — Les Amours champêtres (*belle ép., marges*), — L'Amour frivole (*très belle ép.*).

BAUR et **CATS**.

11 — Paysages et scènes mythologiques à l'eau-forte (16 p.).

BEAUVARLET.

12 — Sacrifice à Priape, — Le chaste Joseph, — Retour du bal (d'ap. Raoux, Nattier, de Troy) (*belles ép.*), (3 p.).

BERGHEM (N.), (par et d'après).

13 — Le cahier à la femme, — La vache qui pisse, — Le passage du gué, etc. (*belles ép. à l'eau-forte*), (15 p.).

BERGHEM (N.), (d'après).

14 — Le rachat de l'esclave, — La pleine vendange, etc. (7 p).

BOISSIEU (J.-J. de).

15 — 7 pièces de son œuvre (*bonnes ép.*).

BONASONE (J.).

16 — L'amour dans les Champs-Élysées (1563), (B. 101), — Silène et le roi Midas (B. 89), — La Vierge assise (B. 47), (*belles ép.*), 4 p.

BONNET (L.).

17 — Jupiter et Io, d'après Huet (*belle ép. découverte, en couleur*).

18 — L'insomnie amoureuse, — Mars et Vénus, d'après Lagrenée (*2 p. à la sanguine, très belles ép., marges*).

BOREL (d'après).

19 — L'allaitement maternel, — Le repos de Diane, — J'y passerai, — L'indiscret (4 p.), par Voysard, de Launay, Dequevauvilier.

BOUCHER (F.), (d'après).

20 — Vénus se préparant pour le jugement de Pâris (*très belle ép.*).

21 — Vénus et l'Amour, — Vénus couchée (3 p. à la sanguine), par Demarteau.

22 — Pensent-ils à ce mouton? — Première et deuxième vues de Charenton (4 p.).

BOILVIN, ADELINE, APPIAN.

23 — Campement sous Metz, — Palais de Justice de Rouen (3 p.), (*ép. d'artiste*).

BRACQUEMOND (F.).

24 — La servante de Leys (*ép. d'artiste*).

25 — Le Corbeau, — Érasme (2 *p. sur Chine*).

BRÉBIETTE.

26 — Sujets mythologiques en forme de frise (*très belles ép.*), (27 p.).

BRINKMANN, HEIMLICH, etc.

27 — Paysages à l'eau-forte (24 p.).

BRUSSEL, DIETRICY.

28 — Paysages à l'eau-forte (*belles ép.*), (15 p.).

CALLOT (J.).

29 — La grande foire de Florence (*avant les écussons*), — La revue, — Jason, — Entrée de Son Altesse, — Vues de Paris (*belles ép.*), (6 p.).

CARS (L.).

30 — Persée et Andromède, — Enlèvement d'Europe
(*belles ép.*), (4 p.).

CAVALLERIS, CUSTODIS, CASTIGLIONE.

31 — L'Annonciation, — Maria Fuggera (*très belle ép.*), etc.
(6 p.).

CHALCOGRAPHIE.

32 — Portraits des principaux artistes du XVIIIe siècle
(*belles ép., marges*), (13 p.).

CHAPONNIER.

33 — Io (*en couleur*), — Amour la consume, — Flore et
Zéphyre (3 p.).

CHARDIN, CHATELAIN, CHOQUET.

34 — La gouvernante, — Le Bénédicité, — Modes et coif-
fures, — L'amour, le vin et la folie (8 p.).

CHÉREAU, JEAURAT.

35 — Portraits de Largillière et de Vleughels (2 p.).

CHÉREAU, SORNIQUE, TARDIEU.

36 — Betsabée, d'ap. Raoux, — Diane au lit, — Persée et
Andromède, d'ap. Rubens (5 p.).

CIPRIANI, TESTRAD.

37 — Sujets mythologiques en forme de frise, — Char de
Vénus (9 *p. en couleur*).

CLAUSSIN (de).

38 — Sujets divers d'après Dujardin, Potter, Rembrandt
(*belles ép. sur Chine*), (21 p.).

COCHIN (Ch.-N.), **COUCHÉ** (J.).

39 — Représentation de gala à l'occasion du mariage de
Louis, dauphin de France, 23 fév. 1745, — Pompe
funèbre de Philippe V, — Lycurgue blessé (*toute
marge*), — Je r'aurai mon étrille (4 p.).

DAMMAN.

40 — La Nativité, d'ap. Murillo (*très belle ép. d'artiste, sur
Japon, avec remarque, signée*).

DAULLÉ (J.).

41 — *J.-B. Rousseau*, — *de Maupertuis*, d'après Aved et
Tournières (*belles ép.*), (2 p.)

42 — Repos de Vénus, — Le prix de la beauté, — Salmacis,
d'après Raoux et de Troy (*belles ép.*), (3 p.).

DAVID DE GÊNES, HUTIN, etc.

43 — Scènes mythologiques à l'eau-forte (11 p.).

DEBUCOURT (d'après).

44 — Le juge ou la cruche cassée (*très belle ép.*).

DELACROIX (E.), (par et d'après).

45 — Macbeth, — Le Dante, — Femme nue (*ép. d'artiste*
(4 p.)

DELAROCHE (Paul), (d'après).

46 — *Mirabeau*, par Henriquel Dupont (*ép. signée*).

DENON, DELAUNEY, CLŒSSENS.

47 — L'Ange et Tobie, — La Nativité (*avant lettre*), (*belles ép.*),
(6 p.).

DELAUNE (Étienne).

48 — Trophées, — Batailles en forme de frise (7 p.).

DESHAYES (d'après).

49 — La fidélité surveillante.

DESBROSSES.

50 — Clair de lune (*ép. de remarque sur Japon, signée*), —
Le vieux pont.

DESMOULINS, DUPLESSIS-BERTAUX.

51 — Une fête sur la Seine (*eau-forte pure*), — Paysages, etc.
(8 p.).

DREVET (P.).

52 — *Louis Quinze*, — *Rigaud*, 2 portraits, d'apr. Rigaud.

DUJARDIN (KAREL), **DUSART**, **BOTH.**

53 — Paysages et animaux, — Le violon assis (*ép. d'état*),
(8 p.).

DURER (ALBERT), et **DURR** (JOHAN).

54 — Le paysan et sa femme (B. 83), — L'oriental et sa
femme (B. 85), — Les trois paysans (B. 86), — Le
joueur de cornemuse (B. 91), — La Vierge au singe
(5 p.).

55 — La face de Jésus-Christ, — Le petit cheval, — Le grand
cheval, — Saint Georges à cheval, etc. (*originaux et
copies*), (5 p.).

**ENCYCLOPÉDIE DES ARTS DÉCORATIFS
DE L'ORIENT.**

56 — Recueil de 250 planches en couleur, par Collinot et
de Beaumont, — Ornements de la Perse, du Japon,
de la Chine, — Ornements arabes, turcs, vénitiens
(*très belle édition, publiée à 980 francs*).

FICQUET, HENRIQUEZ.

57 — Portraits de Téniers, Henry de Lorraine, Diderot, Voltaire, d'Alembert (7 p.).

FLAMENG (L.).

58 — L'Abondance, d'après Rubens (*épr. d'artiste sur Chine, signée*), — Le marquis de la Vessie (*épr. sur Chine, eau-forte originale*), — Rembrandt (*épr. d'artiste*), (3 p.).

59 — Eaux-fortes, d'après Holbein (*épr. d'état et d'artiste*), (13 p.).

FLIPART (F.).

60 — Vénus et Énée, — Le refus inutile, — L'Espagnol (*d'après Carême et Grimoux*), (3 p.).

FOCK.

61 — Paysages à l'eau-forte (*belles épr.*), (13 p.).

FRAGONARD (H.), (d'après).

62 — Le verrou, par Blot (*belle épr.*).

FRAGONARD (H.), **FREUDEBERG** (d'après).

63 — Le songe d'amour, — La bascule, par Beauvarlet, — Les époux curieux, — L'horoscope accompli, par Ponce (5 p.).

GARNERAY et **CHARPENTIER.**

64 — Vues des côtes de France (44 *pièces*).

GAUTIER (L.), **UNGER.**

65 — La débâcle, — La garde civique, etc. (*épr. d'artiste*), (3 p.).

GELLÉE (CLAUDE).

66 — Le port de mer à la Grosse-Tour (R. D. 13), (*bonne épr.*).

GÉRARD (baron).

67 — Partie de son œuvre (23 p.).

GHISI (D. et G.), **GOUDT** (de).

68 — Angélique et Médor, — Saint Michel, — Cérès et
Stellion (*belles épr.*), 8 p.).

GUYOT.

69 — Convoi de très haut et puissant seigneur des abus
(*belle épr.*).

GOLTZIUS (H.).

70 — Portrait de Goltzius, par Suyderhœf (*très belle épr.
avant le numéro*).

71 — Les amours de Mars et de Vénus, d'après Spranger,
— La Circoncision (*belles épr.*), (2 p.).

HOGARTH (W.), et **WILKIE** (D.), (d'après).

72 — The Times, — Cruelty, — Le jour du loyer, — Poli-
tiques de village (8 p.).

JACQUEMART (J.).

73 — Le Coq (*frontispice pour la Société des aquafortistes*),
— Moïse (*épr. d'artiste*), (3 p.).

JEAURAT (E.).

74 — Vénus et Adonis, — Thétis et Achille, — Enlèvement
d'Europe, d'après S. Leclerc (*belles épr.*), (5 p.).

HOIN et **LE BARBIER** (d'après).

75 — *Dorat*, petit buste dans un médaillon, par Fessard,
Gail, par Gaucher (*toute marge*), (*très belles épr.*)
(2 p.).

JOHANNOT (A.), et (T.).

76 — Vignettes pour W. Scott (*épr. d'artiste sur Chine, avant lettre, toutes marges*), (41 p.).

LALANNE (M.).

77 — Vues et paysages (*épr. d'artiste sur Chine, signées*) (3 p.).

LANCRET (d'après).

78 — Les charmes de la conversation (*belle épr., marge*).

LARMESSIN (de).

79 — L'accordée de village, d'après Watteau.

LECLERC (Sébastien).

80 — Son portrait, par de Launay (*avant lettre, toute marge*), — Les noces de Psyché, — Fleuron allégorique (*très belle épr.*), (6 p.).

LE BAS (J.-Ph.).

81 — Rendez-vous de chasse, — Vues de Lokeren, — Sujets, d'après Bouchardon, etc. (16 p.),

LE BEL (d'après).

82 — Le coup de vent, — La voilà prise, par Girardet et Niquet (*belles épreuves, grandes marges*).

LEMPEREUR (L.).

83 — Les forges de Vulcain, — Les Amours et les Grâces, d'après La Grenée (*belles épr.*), (3 p.).

LE PAUTRE et MAROT.

84 — Vases et fontaines (*très belles épr.*), (10 p.).

LEPRINCE (J.-B.), (d'après).

85 — Les modèles, — Les nappes d'eau (*très belles épr.*),
— La lampe polonaise, etc. (*en bistre*), (7 p.).

LÉVY (G.).

86 — Comtesse de Grignan, — Charles de Sévigné
(*épr. d'artiste sur Chine, signée*), (2 p.).

LOIZELET.

87 — Le petit Coblentz, d'après Isabey (*en noir et en couleur,
épr. de remarque, avant lettre*), (2 p.).

LOUVRE (le Musée du).

88 — Collection de 504 planches gravées au burin, grand
in-folio (*publiée à 1250 francs*).

LUNOIS.

89 — La salle Graffard, d'après Béraud (*lithogr. sur Japon,
signée*).

de **MARCENAY** de **GHUY.**

90 — Le seigneur et sa femme, d'après Rembrandt
(*épr. avant lettre, à l'état d'eau-forte, marge*).

MARTINET.

91 — Saint-Paul à Ephèse, d'après Lesueur (*épr. sur
Chine avant lettre, dédicace signée*).

MARTIAL.

92 — Vues de Paris (12 *pièces à l'eau-forte*).

MATHAN (J.).

93 — Mars et Vénus (B. 158), — Hercule et Déjanire
(B. 159), — Les saisons, etc. d'après Goltzius (*très
belles épr.*), (8 p.).

MEISSONIER (d'après).

94 — Héliogravures avant lettre (5 *pièces sur Chine*).

MEUNIER (L.).

95 — Vues de palais et jardins des rois d'Espagne (*très belles épr.*), (9 p.).

MONNET, MONNIER (d'après).

96 — Ouverture des États généraux, — Serment du Jeu de paume (*avec les armes*), — Abandon des privilèges, etc. (*très belles épr., marges*), (5 p.).

MONNET, MOITTE (d'après).

97 — Les baigneuses surprises, — Le jaloux endormi, 4 pièces par Vidal.

MOREAU (J. M.), (par et d'après).

98 — Arrivée de la reine à l'hôtel de ville (*très belle épr.*).

99 — David et Bethzabée, d'après Rembrandt, — Triomphe d'Isis, — Fontaines (*eaux-fortes, belles épr.*), (3 p.).

100 — Piqué de ma raillerie, par de Launay (*avant le numéro*).

101 — L'amour et Psyché, — La séduction, — Vignettes pour *Vert-vert*, etc. (*belles épr.*), (7 p.).

102 — Vignettes pour l'*Émile*, par Lorieux (*belles épr.*), (7 p.).

NÉE et **MASQUELLIER, VOISARD**.

103 — Serment de Louis XVI, d'après Monet, — Le temple de la sagesse (*belles épr.*), (2 p.).

NOLPE, NOTHNAGEL.

104 — Buveurs et moines (*belles épr.*), (7 p.).

OSTADE (A. van), (par et d'après).

105 — Le peintre, — Les fumeurs, — Le mercier, — Les deux commères, — Le savetier, etc. (13 p.)

PARIZEAU et **PARISET**.

106 — Sacrifice aux Grâces, — Jupiter et Léda, — Vénus et l'Amour (*très belles épr. à la sanguine*) (3 p.).

PÉRELLE.

107 — Vues de Chantilly (37 p.).

108 — Vues de Vaux-le-Vicomte et de Fontainebleau (25 p.).

109 — Paysages et vues de Paris (33 p.).

PRUD'HON (P.-P.), (d'après).

110 — L'organisateur, — Les heures du jour, — Les saisons (5 p.).

RAIMONDI (Marc Antoine), *et son école*.

111 — Le triomphe, — Le Parnasse, — St-Paul à Athènes, — Descente de croix, — La Vierge pleurant, — Iphygénie, — Gladiateurs, etc. (23 p).

REMBRANDT (P. van Ryn), (d'après).

112 — La grande descente de croix, — La leçon d'anatomie, — Les syndics, etc. (5 *p. dont* 3 *avant toute lettre*).

SADELER, SÆRENDAM, WIÉRIX.

113 — Sujets mythologiques et religieux (21 p.).

SALLEMBIER (d'après).

114 — Trophées à Vénus, Bacchus et Flore (*3 p. en sanguine*),
par Bonnet.

SCHALL (d'après).

115 — Le modèle disposé, (*par Chaponnier*), — Le Gascon
puni (*belle épr., marges*).

SILVESTRE (Israel).

116 — Perspective de Paris du pont des Tuileries (F. 77),
(*belle épr.*), — Perspective de Notre-Dame (1er état),
— Cours de la reyne mère, — Vues de Fontainebleau et de Venise (6 p.)

117 — Vues de Versailles (*épr. de 1er état et avant lettre*),
(7 p.).

SIMON.

118 — Ève, — Bethzabée (*2 p. en couleur*).

SIMONNEAU, THOMASSIN, TROUVAIN.

119 — Portraits de Mansart, J. Thierry, le Pelletier,
Houasse (4 p.).

TISSOT (J.).

120 — La parabole de l'Enfant prodigue (4 *belles épr.
encadrées*).

DE TROY, RAOUX (d'après).

121 — Triomphe de Galatée, — Enlèvement de Proserpine,
— Angélique et Médor (4 *p. très belles épr. dont une
avant lettre, marges*).

VAN LOO (C. et J.), (d'après).

122 — Le coucher, — Les baigneuses, — L'élève dessina-
teur, etc. (6 p.).

VERMEULEN, VAN DER WERFF.

123 — Le prince Eugène de la Tour et Taxis, — Pierre
Mignard, — Bacon, — Thomas Morus (*belles épr.*),
(6 p.).

WOLFF.

124 — Ornements d'église, — Bijoux, — Épées (*très belles
épr.*), (7 p.).

WATERLOO.

125 — Paysages à l'eau-forte (*belles épr.*), (40 p.).

WEIROTTER.

126 — Paysages à l'eau-forte (*belles épr.*), (19 p.).

DIVERS

127 — Paysages divers par Dietricy, Kolb, Poussin, Reyn-
hardt, etc. (25 p.)

128 — Thèse Louis XIV, par Kilian, — Scènes religieuses
diverses (14 p.).

129 — Caricatures du siège de Paris, par Cuanotta (*9 p. sur
Chine*).

130 — ***Eaux-fortes*** par la Guillermie, Guillemet, Rajon,
Roybet, Toussaint, Vibert, — Jeune fille au
manchon, — Le duel, d'après Gérôme, etc. (*épr.
d'artiste sur Chine, de remarque ou signées*), (8 p.)

131 — ***Eaux-fortes*** par Chaplin, Descamps, la Guillermie,
Somm, etc., — Jeune fille au manchon, etc. (*belles
épr.*), (9 p.).

132 — **Eaux-fortes** par Courtry, Dessain, Greux, Hédouin, Gœneutte, etc., — Les bibliophiles, — l'Almée, — le fumeur, etc. (*sur Chine avant lettre*), (17 p.).

133 — **Eaux-fortes** par Hédouin, Jonking, Masson, etc. (*plusieurs sur Chine et avant lettre*), (12 p.).

134 — **Eaux-fortes** par Benouville, Greux, Marvy, etc. (*plusieurs sur Chine avant lettre*), (14 p.).

135 — Églises diverses (*belles épr. anciennes par Vischer et autres*), (22 p.).

136 — Vues de France, — Châteaux, etc. (71 p.).

137 — Galeries de Choiseul et d'Orléans (19 p.).

138 — Gravures anglaises (43 p.).

139 — 32 pièces tirées de l'*Artiste*, par Nanteuil, Bracquemond, etc.

140 — Scènes de la Révolution, — Voyage en Orient et en Italie, par Fragonard, St-Non, etc. (46 p.).

141 — Vues d'Italie et de Suisse, en couleur (67 p.).

142 — Portraits divers (14 p.).

143 — **Eaux-fortes** par Hollart, Van Os, etc. (17 p.).

144 — Divers (144 *pièces*).

145 — Fable de Psyché, d'après Raphaël (32 p.).

VIGNETTES

146 — Les neuf Muses, — La sentinelle en défaut, d'après Baudouin, etc. (13 p.).

147 — Les saisons, par Neagle, — Pièce sur les ballons, etc. (*belles épr.*), (13 p.).

148 — Diverses pour illustrations, XVIIIe siècle (29 p.).

149 — 21 pièces *découvertes*, pour illustrations, XVIIIe siècle
(21 p.).

150 — Diverses pour illustrations anciennes et modernes
(35 p.).

151 — Diverses pour illustrations anciennes et modernes,
par Marillier, Moreau, etc. (104 p.).

152 — **Eaux-fortes** par Salvator Rosa, Callot, etc. (81 p.).

153 — Pièces diverses sur la Révolution, — Portraits pour
le Ier empire (184 p.).

DESSINS

BOUCHER (attribué à).

154 — Silène (*au crayon noir rehaussé de blanc*).

BRAUWER (attribué à).

155 — Intérieur de cabaret (*plume et encre de Chine*).

DE MARNE.

156 — Paysage (*à l'encre de Chine*).

DESHAYS (attribué à).

157 — Satyre et Nymphe (*à la sanguine*).

LA JOUE.

158 — Pagode indienne (*beau dessin à l'encre de Chine, signé,
a été gravé*).

MALLET.

159 — Tête de jeune fille aux trois crayons, — Femme nue
(2 p.).

NORBLIN (J. P.).

160 — Joseph et la femme de Putiphar (*beau dessin au lavis
rehaussé de blanc, à 2 faces*), — Vue dans la
campagne romaine (2 p.).

SOLIMÈNE, TIEPOLO (D.).

161 — Adoration des bergers, — Allégorie (*plume et encre
de Chine, signé*).

ÉCOLE FRANÇAISE (xviiie siècle).

162 — Paysages, par Hubert Robert, Bruandet. Nicole,
Fontanieu (6 p.).

163 — 9 dessins à la sanguine et au lavis.

164 — Bacchante, Bacchanales, Amphitrite, par Natoire,
Taraval, etc. (4 p.).

ÉCOLE FRANÇAISE (xixe siècle).

165 — Aquarelles, par Danesi, Dupendant. Keler, Poitevin,
Rioult (6 *p. signées*).

166 — Dessins à la sépia, à la plume et à la sanguine
(19 p.).

167 — Dessins au lavis et à la plume, par de Verneilh,
Colin, etc. (12 p.).

ÉCOLE HOLLANDAISE.

168 — Paysages à la plume et au lavis, par de Haan, Croos,
Shellenk (6 p.).

169 — Paysages, par Van Driest (*signé*) (*au lavis, plume et
sanguine*), (6 p.).

ÉCOLE ITALIENNE.

170 — 7 dessins au crayon et à la plume, par Cessaro, Mottola, etc.

171 — 10 dessins à la plume et au lavis, par Rossi, Bibiena, Bronzino, etc.

LIVRES

172 — **Rethel**. Le socialisme, nouvelle danse des morts. Texte et 5 litho. in-fol.

173 — **Charpentier**. Paris et ses ruines, — L'île de Jersey. 2 albums in-fol., 45 pl. lithogr. en couleur.

174 — **Bartlett**. La Suisse illustrée. 108 pl. in-fol. au burin avant toute lettre, demi-reliure.

175 — **Norblin**. Virgile (*les Bucoliques*, *le Moucheron*), — Ovide (*les Métamorphoses*). 80 lithogr., par Norblin, en 1 vol. in-fol. demi-rel., maroq. rouge.

176 — **Willemin**. Choix de costumes civils et militaires des peuples de l'antiquité. 2 vol. in-fol. (1798) demi-rel., 180 pl. gravées.

177 — **Onuphrius**. De ludis circensibus et de triumphis, — Batavü, 1642. 1 vol. in-fol., 32 pl.

178 — **Galerie de Venise**. Trieste 1860, 1 vol. petit in-fol., demi-rel. maroquin bleu, dos et coins, 36 pl.

179 — The Gallery of modern artits. London 1835,
1 vol. in-quarto, demi-rel., maroquin bleu, dos
et coins, 78 pl. sur acier.

180 — Henriet. Daubigny et son œuvre, — Lévy, 1875.
1 vol. gr. in 8, demi-rel. maroquin bleu, tête dorée,
non rogné, 8 pl. à l'eau-forte.

181 — Galerie de Vienne. Leipzig et Dresde, 1 vol.
petit in-quarto, doré sur tranches, maroquin
plein, fers spéciaux, 120 pl.

IMPRIMERIE E. CAPIOMONT ET Cie

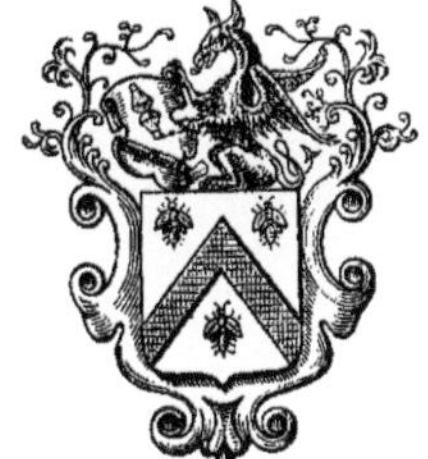

PARIS

6, RUE DES POITEVINS, 6

(Ancien Hôtel de Thou)